Poesía sencillamente profunda

por

Idania Figueroa Temiño

© 2003 por Idania Figueroa Temiño. Derechos reservados.

Ninguna parte de este libro puede ser reproducida, archivada en una sistema de recuperación, ni transmitida por ningun medios, electrónico, mecánica, fotocopia, grabación, o de otra manera, sin permiso escrito del autor.

ISBN: 1-4140-0791-4 (libro en rústica)
ISBN: 1-4140-0790-6 (libro sobrecubierta)

Biblioteca del Congreso Número Reguladora: 2003097706

Este libro se imprimida en papel libre de ácidos.

Impreso en los Estados Unidos De América
Bloomington, IN

1stBooks - rev. 11/04/03

Este libro lo he escrito para mí y para todo aquel que lo desee leer.

Prólogo

"Poesía sencillamente profunda" es mi primer libro de poesía convertido en una hermosa realidad.

Mi poesía está inspirada en los sentimientos humanos y experiencias que han formado parte de mi vida con el propósito que el lector se pueda reflejar en ella. Este libro contiene una variedad de poemas que dibuja un arco iris de emoción el corazón cuando ama, vive y siente.

El itinerario erótico en *El viaje* es una vasta comparación del amor con el esplendor de la naturaleza, *"Corrías por mis praderas / te revolcabas en los valles,/ cortaste una flor de esas / que llaman salvaje / para que oliera su esencia"*

Escribo en este libro una poesía libre y ligera sin pasar por inadvertida la sensibilidad del ser humano.

Mi eterno agradecimiento a Daisy Valls, Ana Monnar, tía Carmela y Judith Aucar.

Este libro está dedicado a Jossie, por haber plantado inconscientemente la semilla que germinó este libro. Y en especial a mis hijas, Patty, Vivi y Nicky, por ellas mi vida tiene un completo valor y una deuda de amor para siempre.

x

Gracias Raúl por hacerme ver que la vida se divide en paciencia, paciencia y más paciencia.

Índice

Mensajera del amor 1
Lluvia de abril 2
No te diste cuenta 3
Calla 4
Buscarás mis besos 5
Atrévete a apostar 6
La flor en el desierto 7
Cometa 8
Amigo 9
Bendiciones 10
Mi perfume 11
Miro al hombre 12
Para Ana 13
No te vayas 14
Un beso 15
Juegos 16
Amor a escondidas 17
Me pondré a esperar 18
Pecesito 19
¿Si te quiero? 20
Nada dura 21
Te perdono 22
Soledad 23
El mensaje de tus labios 24
Culpable e inocente 25
Malditos celos 26
Destino 27
Busco el ángel 28

Penas y el tiempo	29
Fantasía	30
Y me pregunto	31
Sueños	32
Memoria	33
El encuentro	34
Aquel café	35
Tu boca miente	36
Amor inconsciente	37
La poesía	38
No habrá despedida	39
El espejo	40
Gracias	41
Enredo	42
Me voy lejos	43
Márchate	44
Frágil mente	45
Qué me importa	46
Siempre amiga	47
La lágrima	48
¿Quién será culpable?	49
Tiempo en silencio	50
Naturaleza divina	51
Triste soledad	52
Te dedico mi actuación	53
Yo de otro, tú de otra	54
Una vida buscándote	55
Huellas	56
Tu mensaje	57
Siento celos	58
Tiempo en vano	59
Odio que no mereces	60

¿Qué tiras al agua?	61
Tu recuerdo	62
Permiso para soñar	63
Yerba fresca	64
Te estaré esperando	65
Provócame	66
Tu rostro	67
La vida es	68
Regálame	69
Sin preguntas	70
El viaje	71
No pretendas	73
Rara flor	74
Mi mirada	75
Lluvia	76
Años pensando	77
Nube gris	78
El nido	79
Mi vida en retroceso	80
Nostalgia	81
Me conformo con que me quieras	82
Poema	83
La frase	84
El sonido de la ola	85
No te renuncio	86
Fruta prohibida	87
La carta	88
Busco la primavera	89
¿Por qué tratas?	90
Suspiro	91
Hoy no sé cómo inspirarme	92
Pregúntame	93

Tu roce	94
En busca de inspiración	95
Secretos	96
El parque	97
¿Preguntabas por mí?	98
No más engaños	99
¿Puede pedir perdón?	100
Cien poemas	101
El pacto	102

Mensajera del amor

Sé que en tu vida hubo alguien,
al que llegaste a amar.
Doce años dedicaste
de amor y felicidad.
Un día tocó a su puerta
el mensaje del Señor,
llevándosela de tu lado
sin preguntar tu opinión.
Ese ángel llegó al cielo
y de allí me contactó,
me dijo cosas hermosas
que compartieron las dos.
Me pidió que te entendiera,
te cuidara y diera amor
para cuando te flaquearan
las venas del corazón,
siempre tengas a tu ángel,
mensajera del amor.

Idania Figueroa Temiño

Lluvia de abril

*Lluvia que caes en abril
limpia mi impureza,
no dejes que la tristeza
me haga tan infeliz.
Baña mis años de angustia
con agua de primavera,
haz más corta mi espera
por lo que me está por vivir.
Moja mi mente de sueños
haz que se me realicen.
No me traigas nubes grises
para anunciar tu llegada.
Llovizna mis pensamientos
con fresca agua del mes
que me haga comprender
lo que a mí me está pasando
que yo no puedo entender.*

No te diste cuenta

*Tal vez un día puedas leer
lo que hoy te escribo.
¿Que te quise? Sí, te quise,
pero no te diste cuenta
de que a un pájaro no se le encierra,
porque tiene que volar
para poderse posar en la fuente
que le ofrezca su agua para tomar.
Tu jaula era de oro
y a pesar de su esplendor
no pudo doblar sus alas
un pájaro que deseaba
volar hasta tu balcón,
entonar su melodía
a la letra que escribías
y convertirla en canción.*

Idania Figueroa Temiño

Calla

*Calla, no sientas pena
por pensar que estoy sufriendo.
Lo que a solas estoy viviendo,
es un estado de emoción.
El sentir mi corazón
confidente de mi mente,
que te piensa y se estimula,
al tenerte así, de frente.*

Buscarás mis besos

*No importa qué aventura
has decidido tomar,
aquí te voy a esperar
porque sé que en el regreso
vas a buscar tú mis besos,
los que con pasión te daba.
No te engañes, no habrá nadie
que tú puedas enseñar a besar
de la forma que te beso.
Para besar como beso,
hay que sentir lo que siento.
Te aseguro que eso
nadie lo puede imitar.*

Idania Figueroa Temiño

Atrévete a apostar

*Te desafío a una apuesta
que me propongo ganar,
en ella tendrás que estar
todo un día a mi lado,
sin pensar en el pecado.
Es un juego peligroso
que yo sé que ganaré,
porque no podrás contener
las ganas que ya me tienes.
Tendrás que estar así,
aquí a mi lado
y no poderme tocar.
Te brindaré mi boca,
que tendrás que rechazar
con solo mis labios rozar.
La sangre te hervirá,
nada más de inventarte
cómo seré siendo tuya
si algún día te atrevieras
a romper con las barreras,
que separan tu deseo
de la palabra "no debo."
Cómo no vas a poder,
con tanta provocación.
Tú perderás una apuesta
y yo ganaré tu amor.*

La flor en el desierto

*Por años he caminado un desierto,
milagrosamente un día
me encontré una bella y rara flor.
A pesar de que nunca será mía
me invadió la felicidad
el solo mirarla.
Su tranquila belleza le da esencia
a mi vida y desde ese momento,
fue un éxtasis total.
Ese sentimiento durará en mí
eternamente.*

Idania Figueroa Temiño

Cometa

*Yo soy cometa en tus manos,
quieres echarme a volar.
Pero no puedes soltar
la cuerda que me sostiene
cuando en tus brazos me tienes.*

Amigo

*Llamarte amigo no es fácil
cuando se tiene el pesar
de no poderte amar
porque a mi amor
tú no respondes.
No puedo obligarte a dar
lo que por mí tú no sientes,
la pasión que a mí me hierve
con el solo conversar.
Llamarte amigo no es fácil
pero ya lo intentaré,
pues prefiero así tenerte,
que tenerte que perder.*

Idania Figueroa Temiño

Bendiciones

*Deseo que la vida
te colme de bendiciones,
que de ahora en adelante
puedas camino emprender.
Usa la sabiduría que los años
te han dejado.
No repitas los pecados
que pudiste cometer.
Ten el presente, presente,
sin olvidar el pasado
que estará siempre a tu lado,
vigilante de tus metas
para que nunca cometas
los errores en que has errado.*

Mi perfume

*El olor de mi perfume
se quedará cuando me vaya.
Lo sentirás en la brisa
que rozará tu piel,
cuando camines en las sombras
buscando tus madrugadas.
Recordarás que un día
fui tuya en la alcoba,
dejando en tu almohada
todo el olor de mi piel.*

Miro al hombre

Miro al hombre, a su interior,
busco siempre al ser humano
para brindarle mi mano
y ayudarle en su dolor.
Siempre siento compasión
por lo ajeno y su mundo.
Me cala bien profundo
cuando veo a alguien en pena.
Me acerco justo a su vera,
para apaciguar su espera
y hacerle corto el tiempo
que le dure su dolor.

Para Ana

*Hoy he visto llorar a Ana,
con dolor y sin consuelo.
Su amiga de tantos años
ya descansa en su morada.
Ana, en vez de llorar,
¿por qué no piensas mejor
que has tenido el gran honor
de contar con la amistad
de una amiga que se va,
pero te deja su amor?*

Idania Figueroa Temiño

No te vayas

*No, no te vayas,
espera, déjame hablarte,
yo no sé cómo explicarte
mi sentir, mi indecisión.
Es él, mi corazón
se rebela, me palpita,
porque quiere darte amor.
No, no te vayas,
espera a que me decida
a rebelarme a la vida
y a aceptar tu corazón.*

Un beso

Unté un beso en tus labios finos
vistiéndolos del color de mi boca.
Cerré mis ojos para sentirlos
abriéndose como una rosa.
Sentí tu aliento de menta fresca
cuando tu boca abrió la mía.
Febriles serpientes se encontrarían
para extraer el néctar de sus salivas.
Con tu gemir culminó el beso,
dejando impresa la boca mía
y fui ladrona por lo que hacía,
robarme un beso de tu ansiada boca.

Idania Figueroa Temiño

Juegos

*Juegos que tienta a mi mente
a disfrutar del pasado,
recordando que nos amamos
con un amor en exceso,
disfrutando así del sexo
como un manjar apreciado.*

Amor a escondidas

*Un amor a escondidas
hemos llevado los dos.
Hubo amor, no hubo engaños,
siempre supimos que era amor
sin porvenir.
Por ese no he de sufrir
cuando te vea marchar,
tampoco he de llorar
porque amor tú si me diste.
Te prometo que el secreto
morirá entre los dos.
Porque igual que oculté tu amor,
también ocultaré tu nombre.*

Idania Figueroa Temiño

Me pondré a esperar

*Es el silencio tu amigo,
tu casa la soledad.
Es la forma de expresar
cuando tienes un problema
que quieres solucionar.
Pero hoy quiero decirte
"estaré aquí siempre a tu lado
aunque te sienta callado,
no me vas a molestar."
Y cuando en tu casa te encierres,
me sentaré a tu puerta
y me pondré a esperar.*

Pecesito

*Me sumergí en el mar
como hago tantas veces
para disfrutar sus aguas,
que tantos sueños me baña.
Cerré mis ojos, floté,
sentí algo que me halaba,
desviando mi mirada
fue como te encontré.
Pecesito de mi ensueño
me convertiste en sirena,
llevándome a lo más hondo
para brindarme tu amor.
De regreso a la orilla
será difícil mi andar
porque aprendí a nadar,
siendo yo una sirena.
Pecesito de mi ensueño
dime si me buscarás
cuando regrese al mar.*

Idania Figueroa Temiño

¿Si te quiero?

¿Si te quiero? No lo sé.
Sólo sé lo que te expreso,
lo que hoy siento por ti.
¡Qué más da que sea amor,
cariño o un sueño!
que yo sola a mí me invento
y estoy viviendo por ti.
Es esto tan embriagante,
que no quiero descifrarte,
porque tú me has dado vida
y he vuelto a vivir.

Nada dura

*Nada dura, todo acaba,
eso fue lo que pasó.
Una vez fuimos dos
que juramos "para siempre."
Hoy el tiempo se ha encargado
de romper nuestra promesa.
Tú te vas, yo quedo presa
de los recuerdos vividos.
Será lo único vivo
que dudará para siempre.*

Idania Figueroa Temiño

Te perdono

*Calla, no digas nada
no te voy a cuestionar
para qué voy a pensar
las razones que te hizo
volver al que fue tu sitio
y quisiste abandonar.
No te voy a preguntar,
¿para qué?
sólo me conformaré
conque regreses a mi lado,
me digas que me has amado
y que estás arrepentido.
Verás que sin más motivo
te diré: estás perdonado.*

Soledad

*Soledad, te he elegido,
serás tú mi compañera,
para que compartas conmigo
tantas horas de espera.
Prefiero tu compañía
que sentirme entre la gente.
Soledad, te tengo en mente
cuando deseo estar sola,
para que guardes mis horas
y acompañes mi suerte.*

Idania Figueroa Temiño

El mensaje de tus labios

*Has dejado en mis labios
las huellas de lo que sientes.
Ahora si quieres te mientes,
pero a mí ya no podrás
porque leí tu mensaje,
con solo tus labios rozarme.
Sé que te reprimes
cuando estás junto a mi lado.
¡Es que no te has dado cuenta
que hoy, mañana será pasado!
que no has aprovechado
por vivir tan indeciso.
Convéncete y dale inicio
a cometer la locura.
No tengo ninguna duda
de qué es lo que tú más deseas,
ven acércate a mí
que yo seré la que besa.*

Culpable e inocente

Eres inocente,
por no saber lo que siento.
Eres culplabe,
por hacerme sentir esto.
Aunque no te lo imaginas,
vives en mi embeleso.
Duermes también en mi lecho
y platicamos de mil cosas
como si nos estuviéramos viendo.
Siento que me tocas
y respiro de tu aliento,
cuando te acercas a mí,
para brindarme un beso.
Sé que eres inocente,
pues yo sola siento esto.
Pero eres tan culpable
cuando hacemos el sexo,
pues estás en mis entrañas
cuando siento lo que siento.

Idania Figueroa Temiño

Malditos celos

*No quiero que me perdones,
sólo quiero explicar mi actitud,
mi decisión de escaparme de tu lado
cuando más amor sentía.
En mí no hubo cobardía, al contrario,
fui valiente al mirarte frente a frente
y decirte ¡Se acabó!
No supiste ver en mí el amor que te tenía,
¡Yo era tuya! ¡Sólo tuya!
en mi vida no había nadie.
Pero tu celos cegaban todo tipo de razón,
sin mirar a mi corazón,
que era el que más sufría.
¿Intentar cambiar por ti?
Te confieso que hubo intento,
pero sólo conseguí fustración cuando vi
a mi "yo" que se alejaba
y con él también llevaba
el amor que te ofrecí.
¡Celos, malditos celos,
que tú no puedes vencer!*

Destino

Sí, tu destino,
¿qué me has hecho?
me has visto llorar sin duda
cuando no tenía consuelo
y compartir mi alegría,
cuando lo tenía en mi lecho.
Un día se fue y lo sabías,
sin mandarme ningún consuelo.
Sólo el tiempo me curó,
lo que tú sabías por hecho.
Otra vez me he encontrado,
con el mismo sentimiento.
Lo pusiste en un mundo
donde sólo había pequeños
para que sobresaliera su figura
como trigo en campo abierto.
Te pregunto a ti, destino.
¿Para qué lo estás haciendo?
Es que piensas que es un juego,
jugar con mis sentimientos.
Yo en ti ya no confío,
prefiero sentir, que ya no siento.

Idania Figueroa Temiño

Busco el ángel

*Busco el ángel que cuida
tu alma y corazón
para pedirle un favor:
que te vigile y te guíe.
Él bien sabe que tu vida
está abatida de dolor
por haber perdido el amor
que compartía tus días.
Hoy te encuentra triste y vacía,
sin luz que pueda brillar
para poder encontrar
el camino que te lleve
a un amor que sí te quiere
y te ha sabido esperar.*

Penas y el tiempo

*Un día, queriendo escapar del bullicio
que representa el vivir,
tome un camino llano de poca vegetación,
donde el cielo tiene siempre el mismo azul
y es total el silencio.
Harta de tantos contrastes,
de opiniones inconclusas,
de sentimientos encontrados y cambiantes,
pensé que ése era el camino
para reflexionar y conocer
el "yo" que todos llevamos dentro,
al que somos incapaces de entender
y mucho menos tenerlo como amigo.
He caminado mucho acompañada de mi soledad
y del tiempo, por ese camino ideal
para todo ser aislado.
Días, meses, años o sueños:
La realidad es que no sé cuánto he andado
ni en qué tiempo, pero algo en mi camino
rutinario y sin proyectos,
se levanta allá, allá muy lejos,
donde crees que sólo es cielo,
una figura de nácar, de pétalos o de ensueños,
que me toma en sus entrañas
y se apodera de mi cuerpo.
¿Por qué? ¡Oh, Dios! ¿Por qué has consentido eso?
He huido de mis penas
y me ha alcanzado el tiempo.*

Idania Figueroa Temiño

Fantasía

*Me estás haciendo sentir
la fantasía más bonita que he tenido,
estando cerca de mí,
aunque no vivas conmigo.
Te miro, callo, ¡silencio!
para poder saborear,
el hechizo que provocas
en mi ser, tu deslizar.
En las mañanas temprano,
en la cita matinal
te gozo allá, en lo alto,
aunque no puedas bajar.
Quizás esta fantasía,
nunca pueda realizar
y del brazo tú, de otra,
yo te pueda ver pasar.
¡Pero qué importa esa pena
si tú has sido mío ya!*

Y me pregunto

Y me pregunto,
¿por qué no puedo llevarte
de mi brazo,
caminar junto a tu lado
demostrándote mi amor?
¿Por qué no puedo decir
"eres mío hace tiempo"
sin que todas las miradas
que existen alrededor
nos miren con extrañeza
porque somos tú y yo?

Idania Figueroa Temiño

Sueños

*Sueños que lleva a mis noches
con toda su sutileza
al borde de la tristeza
por no poderte tener.
Me cuesta no encontrarte
cuando me acuesto en mi cama.
prefiero dejar de sentir
el amor que por ti siento
que sentir siempre en mis sueños
que nunca vas a venir.*

Memoria

*Sólo con recordarte
en mi memoria germina
el amor que tú plantaste
y que después olvidaste
que regresar tú tenías.*

Idania Figueroa Temiño

El encuentro

*Te vi descender de tu coche
no sé si me miraste
o quizás me esquivaste
para no molestar.
Te veías tan guapo
a pesar de tus años
pero contuve el deseo
de llegar a saludarte.
Han pasado los años, una vida,
hoy me he dado cuenta
que no ha importado el tiempo,
si no pude olvidarte.
En mí nunca te fijaste,
¡cómo ibas a hacerlo!
si yo era una niña, tú tenías amante.
Hoy siendo mujer
te he vuelto a encontrar,
sería tan fácil intentar
que de mí te fijases.
Pero nunca yo lo haría,
prefiero el recuerdo
que tú me dejaste.*

Aquel café

*Te acuerdas del día aquel,
sentados en un café.
Platicabas de tus cosas
que yo pretendía entender.
Mentira, no te escuchaba,
sólo sé que te miraba
y trataba de contener
el tiempo de mi reloj,
que despiadado corría
sin poderme comprender.
No quería que pasase
el tiempo en aquel café.*

Idania Figueroa Temiño

Tu boca miente

*Miré tus ojos y vi
como tu boca mentía
cuando tus labios decían
que besar no me querían.
Mentiroso tú y tu boca
por tratar de esconder
el deseo y el placer
que te provoca mi boca.*

Amor inconsciente

*Desmesurado amor inconsciente
del daño que está haciendo.
Libera el corazón de la cárcel
en que lo tienes.
Desata cadenas de sentimientos
que buscan una expresión.
Posterga la indiferencia
y expresa lo que se siente.
No aniquiles la pasión
que por ti vive, sufre y muere.*

Idania Figueroa Temiño

La poesía

*La poesía es en mí
un estado de emoción,
que le dicta al corazón
expresar lo que yo siento.
No importa la situación,
ni tampoco el sentimiento
que me provoque escribir.
Me hace escribir el dolor,
la alegría, la derrota.
Qué importa cuál es la gota
que derrame mi emoción
y provoque la expresión
de escribir mi vida en verso.*

No habrá despedida

No habrá despedida el día del adiós,
solamente fuimos dos que soñamos en pesadilla,
porque el amor nos burló de la forma más sencilla,
encontrándonos en la orilla donde el puente sucumbió.

Idania Figueroa Temiño

El espejo

*Después que conversamos
frente a un espejo me fui,
para ver cuántos cambios
podría hacer en mí.
¡Verme rubia, ojos azules!
sería fácil conseguir.
Sólo un tinte y lentillas
de color azul añil.
"Para, tonta," dijo el espejo,
no te quieras convertir
en alguien que tú no eres,
no lo voy a consentir.
Sé auténtica, sé quien eres,
que ni el color de tu pelo,
ni tus ojos puedan interferir
en el color de tu alma,
que es lo auténtico en ti.*

Gracias

*Hoy vengo a darte las gracias,
por haber entrado en mi vida.
Lo hiciste tan sutilmente,
que yo apenas te sentía
cómo ibas invadiendo
mi cuerpo, mi timidez,
y mi vida.
Te doy las gracias
una y mil veces
porque si no fuese por ti,
esto que siento tan dentro
se moriría en mí.*

Idania Figueroa Temiño

Enredo

*Me he formado un enredo
para poder llamar
tu persona por un nombre
de la lista que me das.
Josefina, para algunos,
Fina, para los demás,
Josefa, si es algo serio,
Jossie, para manejar.
¡Ay! ya me he vuelto a enredar.
Que si Fina, Josefina o Jossie,
¡qué más da,
si con la traducción
lo puedo solucionar!
Así, me quedo con Jossie,
para poderte llamar.*

Me voy lejos

*Me voy lejos de ti,
no quiero hacerte daño,
tú no eres para mí.
Son vidas muy diferentes
la que nos toca vivir.
Alternamos otra gente,
diversiones diferentes
entretienen nuestras vidas.
Me voy triste, no vencida,
porque sé que es lo mejor,
cuando uno siente amor
por un ser como yo siento.
Prefiero apartarme a tiempo
para no causar dolor.*

Idania Figueroa Temiño

Márchate

*¡Te vas!
No seré yo quien te detenga
cuando te vea marchar.
Tú sabrás ver el camino
que te convenga coger.
No te pienso retener,
eres libre para hacerlo.
A mi lado no te tengo
inconforme y retraído.
La vida está por testigo
que te di lo que tenía.
Si tú no me querías
por qué esa indecisión.
No guardo ningún rencor,
si te decides a hacerlo.
¡Anda, no te detengo,
espero tu decisión!*

Frágil mente

*Frágil mente que se llena de recuerdos
alimentando pasado y viviendo en silencios.
Mente que no se rinde delante de lo presente,
por seguir con sus memorias de lejanos encuentros.
Mente débil que no puede vivir en el presente
por estar atrapada en el umbral de su frente.*

Idania Figueroa Temiño

Qué me importa

Qué diablos a mí me importa
lo que lleguen a decir
la gente que por vivir
del chisme, es implacable.
Qué más da si usan un sable
para clavarlo en lo ajeno
o si destilan veneno
cuando van a calumniar
a persona con moral,
con sentir muy diferente.
¡Yo detesto a esa gente!
¿Es que un estilo de vida
diferente a los demás
pudiera identificar
la honestidad del humano?

Siempre amiga

*¡Oh amiga! no imaginas
el dolor que me conmueve
saber cómo tú estás.
La distancia que me aleja
o el no poderte abrazar,
no van a minimizar
el amor que sí nos une.
Volaría hasta llegar
al lugar donde te encuentras,
para tocar a tu puerta
y poderte demostrar
que siempre he sido amiga
sin importar tu pensar.
Hoy quiero ratificarte:
mi amistad es para siempre,
por si te puede ayudar
a que te puedas sanar.*

Idania Figueroa Temiño

La lágrima

*Fue una lágrima el cristal
que iluminaba tu cara
alumbrando tu mirada
la que me incitó a besar.*

¿Quién será culpable?

*¿Quién será culpable
de lo que nos está sucediendo?
No hubo provocación
por ninguna de las partes.
¿De quién fue la sutileza
de llegar hasta este estado?
No poder enamorarnos,
pero tampoco dejarnos.
Prometimos que el deseo
quedaría en atracción,
nunca el corazón vencería
al pensamiento.
Hoy es cuando comprendo
que no hay culpabilidad
cuando el destino decide
a quienes quiere juntar.*

Idania Figueroa Temiño

Tiempo en silencio

*He vivido este tiempo en silencio,
sólo mis ojos fueron dueños de tu figura.
Mi boca callaba lo que mis ojos veían.
Boca, ojos, ojos y boca,
han sido confidentes de esa extraña agonía.
Agonía de que mi corazón
no supiera lo que ojos y boca sabían.
Fuiste más fuerte que el silencio en que vivía,.
invadiendo mi alma y mi melancolía.
Para apoderarte luego del corazón que latía
a un ritmo de espera, pues sabía
que algún día tú llegarías.*

Naturaleza divina

*Naturaleza divina que no tienes que pintar
un cuadro para expresar
la belleza de un paisaje.
Pintas de verde los valles,
amarillo el sol radiante,
el cielo te lo matizas
según sientas tu día.
Tienes una maestría
cuando coges el pincel
con el que pintas las flores
que yo voy a recoger.*

Idania Figueroa Temiño

Triste soledad

*Triste soledad que has llevado
a mi pobre corazón con tu partida.
Viviendo ahora el desamparo
conque tengo que afrontar tu despedida.
Absurda sensación de aislamiento,
que fuerza a mi alma acongojada
de ver su corazón volar sin alas
por culpa de un amor que ya no es nada.*

Te dedico mi actuación

*En el teatro de la vida
te dedico mi actuación.
No es por vocación
lo que me hace actuar.
Es la necesidad
de que tú nunca te enteres,
que por ti la actriz se muere,
sin ser parte del guión.
Cuando se sube el telón
verás en el escenario
una actriz en el papel
de frívola que rechaza
las caricias del galán.
Pero al caer el telón
seguirá el personaje
con su última actuación
aunque me rompa el dolor,
te miraré a los ojos
y te diré adiós.*

Idania Figueroa Temiño

Yo de otro, tú de otra

*Yo de otro, tú de otra,
un compromiso formal
que tenemos que aceptar
en constante desafío,
para no cruzar el río
que controla nuestras mentes
y nos lleve a pecar.
Yo de otro, tú de otra,
esta atracción carnal
que sentimos al mirarnos
y no podernos tocar,
para llegarnos a amar.
Yo de otro, tú de otra,
es fidelidad la que impide
el momento de poder
sentirnos dentro
del ojo del huracán.
Seguiremos siendo así,
sin olvidar el presente.
Yo de otro, tú de otra.*

Una vida buscándote

*Toda una vida buscándote
sin saber cómo lucías.
He recorrido distancias
entrando en todas la vías,
para preguntar si alguien te conocía.
Ya cansada de buscarte,
tomé de regreso un camino
el cual tú recorrías.
Caminamos frente a frente,
tú ibas y yo venía.
Y en ese punto de encuentro
que tenemos que cruzar,
tú mirabas el camino
que yo iba dejando atrás.*

Idania Figueroa Temiño

Huellas

*Huellas que lleva el alma
prendidas de su existir,
para enseñar a vivir
al que lucha y se equivoca.*

*Huellas que van marcando
para siempre un camino,
por dejar bien presente
el trayecto recorrido.*

*Huellas que no se borran
con el viento y la tormenta,
por estar en el recuerdo
de las mentes que se aferran.*

Tu mensaje

*No te imaginas las horas
que he pasado junto al teléfono,
leyendo tres palabras
que me enviaste en texto.
Pensé que ya era en vano
quererte como te quiero.
Hoy me has dado esperanza
de que sí podrá ser,
porque aunque te mientas
y no lo quieras aceptar
nacimos para estar juntos,
no lo trates de cambiar.
Porque yo, "también te extraño"*

Idania Figueroa Temiño

Siento celos

*Siento celos de la lluvia
que te corre por tu piel.
Siento celos de la tenue brisa
que te roza con dulzura.
Siento celos de los días
cuando terminan en tus noches.
Siento celos de los sueños
que te gusta a ti soñar.
Siento celos del que te mira
sin decirme su pensar.
Siento celos de ese canto
que te hace estremecer.
Siento celos de emociones
que no puedo provocarte.
Siento celos de tu vida
por no dejarme vivir
estos años que he vivido
celándote en mi sufrir.*

Tiempo en vano

*Ocupo mi tiempo en vano
no me puedo concentrar.
Estoy en un ir y virar
sin buscar un punto fijo.
Todo se me vuelve un lío
me envuelvo en un enredo.
Me acuesto y ya ni sueño
porque todo es pesadilla.
Quisiera llegar a la orilla
pero se me ha olvidado nadar.
Para qué tratar de andar
si mis pasos se detienen.
No sé qué me conviene
tampoco busco consuelo,
ni quien me lo pueda dar.
No me desvela el amar,
mi problema no es quererte
sino poderte olvidar.*

Idania Figueroa Temiño

Odio que no mereces

*No quiero llegar a odiarte
porque tú no lo mereces.
No eres tú el culpable
de lo que a mí me enloquece.
Tampoco fui a buscarte,
tú llegaste sin aviso.
Envolviendo tu hechizo,
que hizo que te quisiera.
Cómo podía pensar
que con sólo una mirada,
me fueras a enamorar.
Así he ido penando
por amor cuando te veo,
colmándome el deseo
de que me llenes de besos.*

¿Qué tiras al agua?

*¿Qué tiras al agua?
Cosas no necesarias.
Pensamientos que me turban.
Recuerdos que no se borran.
Amores que a mí me dañan.
Esfuerzos que sólo cansan.
Penas que siente el alma.
Metas inalcanzables,
mil angustias y mis lágrimas.
¿Señor, por qué preguntas?
¿Por qué escuchas mis palabras?
¿Es que vas a conseguir
que me llene de esperanza?*

Idania Figueroa Temiño

Tu recuerdo

*Quise no recordarte
y vi que no se podía.
Era más fuerte el amor
que por ti yo sentía.
Aprendí a no olvidarte,
a vivir con los recuerdos
que viví junto a tu lado.
Hoy no me causa dolor
que tu alma y la mía
vivan por separado.
Así vivo de recuerdos,
que hacen presente el pasado.*

Permiso para soñar

¿Te pido permiso?
"¿para qué?" me respondiste.
Para soñarte conmigo.
Será un sueño muy erótico,
un desenfreno total.
En él te pretendo dar
todo lo que me he inventado
cuando te tengo a mi lado
y me rozas al pasar.
En mis sueños habrá risas,
juegos, cama, fantasías
hasta el éxtasis alcanzar.
Verás que al despertar
de mi sueño, tú me pides
volver a querer soñar.

Idania Figueroa Temiño

Yerba fresca

*Soy yerba fresca en tus brazos
que rocías con tus labios,
cuando me vas a besar.
Yerba fresca en tu prado
que culmina en mis anhelos
de tenerte para mí.
Yerba fresca que humedece
mi instinto de mujer.
Soy yerba fresca que nace
en un éxtasis total
cuando el amor tú me haces.*

Te estaré esperando

Te estaré esperando aquí,
como hago cada día,
en este lugar secreto
donde siempre te veía.
Vuelve, ¡haz que esta espera
me devuelva la alegría!
No quiero pensar que un día
al llegar a este lugar,
mi mente pueda pensar
que ese día no vendrías.

Idania Figueroa Temiño

Provócame

*Lo tuyo es provocación,
de la forma que me miras.
Pretendes que te adivine
lo que quieres proponer.
Provócame con tus gestos
no tendré que adivinarte.
Sólo tengo que mirarte
para sentir el efecto
de mi cuerpo en erupción.*

Tu rostro

Tu rostro no se me borra
cuando mis ojos se cierran
está aquí, impreso en mi mente
y quisiera o no quisiera
sería imposible no verte.

Idania Figueroa Temiño

La vida es

*La vida pasa, nada queda
con ella lleva lo que no está,
pero deja experiencias buenas
que nunca mueren porque vivas están.
La vida va deshaciendo huellas
que todos pisan en el caminar,
por una ruta interminable
donde los recuerdos se van al mar.
La vida va deshojando flores
como fracasos te enseñarán,
que se aprende por los caminos
aunque difícil sea el andar.
La vida es uno, que al andar,
crece raíces como árbol viejo,
en cuya sombra cobijará
la rama tierna de un árbol nuevo
que fruto fresco cosechará.*

Regálame

Regálame esta noche aunque mañana te vayas.
Haz que nunca llegue el alba a encontrar la madrugada.
Que las horas pierdan el ritmo que va marcando el reloj.
Recorre con tus manos cada espacio de mi cuerpo.
Susúrrame al oído tu gemir hecho canción.
Besa mis labios enardecidos por tu boca.
Ámame como a ninguna se lo has hecho en un adiós.
Y cuando llegue la hora que te tengas que marchar,
hazlo bien en silencio para no oír tu andar.

Idania Figueroa Temiño

Sin preguntas

No quiero preguntar lo que yo no me respondo.
Prefiero vivir en silencio que tener que repetir palabras sin definir.
Me gusta recorrer caminos por los que nadie ha pisado.
Esperar por las mañanas sin tener que dormir.
Poder llamar a uno amigo sin saber cuál es su nombre.
Sentir esencia en las rosas aunque me falte una flor.
Amar sin ser amada, por conocer el amor.
Pisar la línea del vencedor, sin ser yo quien gane.
Caminar por donde hay fango, por sentir mis pies mojados.

El viaje

*Anoche hicimos un viaje
que te lo quiero contar.
Como el viaje era en mi mente
carro no se podía usar.
Nos montamos en la alfombra
esa que te hace volar.
Empezamos por el sur
pero al ser un poco frío,
quisimos tomar un giro
y nos fuimos rumbo norte.
Si te hubieses visto el rostro
cuando llegamos allí.
Corrías por mis praderas
te revolcabas en los valles,
cortaste una flor de esas
que llaman salvaje
para que oliera su esencia
disfrutando tu presencia,
me la ofreciste a mí.
Después de algún descanso
tomaste rumbo a lo alto
escalando mis montañas.
Estando allá, en la cima
te pusiste a contemplar,
el paisaje natural
que mi cuerpo te brindaba.
Vi en tu rostro las ganas
de seguir nuestro paseo,
invitándote el deseo*

de llegar a tu destino.

*Tomé tus manos, nos fuimos
donde empieza El Ecuador
penetrando en su interior
donde nunca existe el frío
y siempre hace calor.
Recorriste así mi selva
con el canto de las aves
que entonaban mi canción.
Por un momento paraste
para secar el sudor
que por tu frente corría.
Nos fuimos en busca de un río
que nos calmara la sed.
Allí te hice beber
toda el agua que tenía
saciando toda tu sed.
Volvimos a tomar la alfombra
que guiaba el regreso
de un viaje que empezó en sueño
y terminó en realidad,
cuando pude comprobar
que mis sabanas no mienten.*

No pretendas

*Pretendes lucir ante todos
que te soy indiferente.
Ten cuidado con la gente
que te puedes delatar.
No sabes disimular
lo que en verdad estás sintiendo.
Todo el mundo está viendo
que tus ojos te traicionan
por la forma en que me miras.
Vives en una mentira
al no querer aceptar
que si me quieres amar
no seré yo quien lo impida.*

Idania Figueroa Temiño

Rara flor

*Un día vi en mi jardín
una rara y bella flor.
Me cautivó su color
y estilo con que espigaba.
Quise cortarle la rama,
pero ella se negó:
"Sólo estoy en tu jardín,
para que sientas mi esencia
y disfrutes mi presencia
mientras el rocío me riegue"
Toqué la flor con mis dedos
y la emoción me invadió,
al poder tocar la flor
en el jardín de mis sueños.*

Mi mirada

Recházame mi mirada,
lo tomaré como un mensaje
que quisiste proyectar.
No te diré nada,
no volveré la espalda
y me echaré a caminar.
Te prometo que lo haré.
Espero que tu valentía
tenga una fuerza mayor
para esconder tu dolor,
cuando rechaces mis ojos
y me susurres, adiós.

Idania Figueroa Temiño

Lluvia

*Lluvia que cae por mi cara,
no me trates de lavar
las lágrimas que he llorado.
Significan un pasado
que yo no quiero borrar,
las prefiero conservar
aunque sea doloroso,
porque también fue hermoso
y valió la pena amar.*

Años pensando

*Años he vivido pensando
cómo sería el encuentro
después de tantos momentos
que vivimos de tormentos.
Te diría que estoy bien,
que la vida me ha premiado,
que me he enamorado
como por ti no lo hice,
Ojalá te note triste
cuando oigas mi respuesta,
será cuando te des cuenta
de lo imbécil que tú fuiste.*

Idania Figueroa Temiño

Nube gris

*Nube gris que te adelantas
a cubrir con tu mantón
los recuerdos de un amor
que rehúsa que lo olviden.
Porque lucha, sufre y vive
por un recuerdo que brilla
con la luz del corazón.*

El nido

*Fuimos dos que al encontrarnos
cruzamos nuestros destinos:
yo iba en busca de un nido
que pudiera arropar
lo que yo quería dar
y tú de él ya volabas
porque cortaste la rama
donde yo quería anidar.*

Idania Figueroa Temiño

Mi vida en retroceso

*Si pudiera poner mi vida en retroceso
llegaría de nuevo a ti.
Quitaría los obstáculos que tuvimos
que enfrentar, sin dejar de pisar
la yerba en que crecían.
Caminaría en silencio
sin que el bullicio me anuncie.
Viviría a tu lado sin tratar de cambiar
las cosas importantes
que yo no supe apreciar.
Dormiría contigo para tratar de volver
a los sueños que perdimos.
Mi vida en retroceso
daría oportunidad de enmendar
mil errores y aprender a madurar.*

Nostalgia

Nostalgia es la vida por las cosas que no tienes,
también por las que pierdes y no puedes renunciar.
Nostalgia es la canción que trae a la memoria
a quien llegué un día a amar.
Nostalgia son los lugares que sueño en volver,
para poder recorrer las memoria de mis viajes.
Nostalgia es llegar al mar para buscar en la arena
lo que dejaron mis huellas.
Nostalgia es la noche aquella cuando nos vimos
los dos a escondidas de la gente.
Nostalgia es el amor que un día nos tuvimos,
que después no supimos mantenerlo entre los dos.
Nostalgia es la nostalgia de añorar lo que viviste
y no querer renunciar.

Idania Figueroa Temiño

Me conformo con que me quieras

*Me conformo
con un amanecer cualquiera
recostada en tu hombro
recorriendo las estrellas.
Me conformo
conque me lleves de la mano
caminando por la playa
como sirena guiada.
Me conformo
conque llegues en silencio
y que me brindes un beso
después de mi larga espera.
Me conformo
mi vida, conque me quieras.*

Poema

*Sentí tus manos tocar mis pechos,
tu boca suave rozó mi piel,
llevé tu embrujo hacia mi lecho
con tus caricias que son de miel.
Mi cuerpo vibró en feroz intento
por retenerte dentro de mí.
Campanas hicieron sonar su canto,
en el instante que me entregué
toda mi alma se fue hacia tí.*

Idania Figueroa Temiño

La frase

*En silencio yo me fui
a tratar de sorprenderte,
despacio y muy paciente
por no hacerme delatar.
Al contactar mi presencia
te viraste embriagado,
susurrándome en la cara,
la frase más hermosa
que te he escuchado decir:
"Por el perfume sabía que eras
tú la que venías."
Se me fueron las palabras
y no pude más pensar.*

El sonido de la ola

*Estoy aquí en la playa
frente a la orilla del mar,
vengo a oír, vengo a escuchar
el sonido de la ola
cuando se llega a encontrar
con la arena que la arropa.*

Idania Figueroa Temiño

No te renuncio

*Cómo voy a renunciarte
si yo nunca te he tenido.
Fue un juego del destino
que te trajo de su mano
para enseñarme a quererte
como a todo ser humano.
Por eso no te renuncio
porque aprendí a entender,
que si no se llega amar
por qué dejar de querer.*

Fruta prohibida

*Eres la fruta prohibida
que crece en árbol ajeno,
que yo miro con recelo
porque la puede picar
un pájaro para saciar
el hambre que trae su vuelo.*

Idania Figueroa Temiño

La carta

*La carta que escribiste
ya la había leído yo.
Supe que era imposible
que te echaras en mi nido.
¿Que tienes otra? Lo sabía,
pero qué le puedo hacer.
No soy yo, es mi querer,
que no quiere resignarse
que tengas otra mujer.
Una carta como esa
me la había escrito un día
para ver si comprendía
por qué no podías quererme.
Pero en vano fue mi intento,
hoy he leído la tuya
y tampoco yo la entiendo.*

Busco la primavera

*Cierro mis ojos y veo
toda una vida de espera,
buscando la primavera
se me han pasado los años.
Busco una primavera
para vivir la esperanza
de un amor que se realza
porque hay alguien que lo abraza.*

Idania Figueroa Temiño

¿Por qué tratas?

*¿Por qué tratas de olvidarme,
si sabes que no podrás?
Hay algo que se nos da,
que nos tiene en este juego,
que no, que sí, que no puedo,
que hay alguien que me reclama.
Pero qué harás con tus ganas,
cuando sientas el desquicio
porque soy igual que el vicio,
muy difícil de dejar.
Anda, prueba y verás
que fallarás en tu intento:
necesitas de mi aliento
para poder respirar.*

Suspiro

*Suspiro, por tu tonada
es fácil de adivinar
la capacidad de amar
de quien te protagoniza
al vuelo de tu sonrisa.*

Idania Figueroa Temiño

Hoy no sé cómo inspirarme

*Hoy me siento a escribir
con papel y lápiz en mano.
Veo que es en vano
el esfuerzo que persigo
porque no llevo conmigo
el aire de inspiración
que me provoque el motivo
de escribir ningún poema.
Me quedo así, ¡qué pena!
Pero ya lo intentaré
también recuperaré
la emoción que necesito
para poner por escrito
el sentir del ser humano
que llevado de mi mano
lo imprimiré en un libro.*

Pregúntame

*Cómo puedes contener
esas ganas de saber
cómo soy como mujer.
Anda, atrévete, pregunta,
que te voy a responder.
Soy deseosa, atrevida,
dejo mi mente volar.
¡Vivo el amor y el disfrute
con una pasión total!
Soy más de lo que te inventas.
¿No lo quieres comprobar?*

Idania Figueroa Temiño

Tu roce

*Sólo el roce de tu piel
por debajo de la mesa
hace que se estremezca
cada parte de mi cuerpo.
Mi sentido se enloquece
cuando me toca tu piel,
siento que brota la miel
por mis piernas que flaquean
si tu ser toca a mi ser.*

En busca de inspiración

*Salí un día sin rumbo
en busca de lo que inspira
para componer poemas
que después declamaría.
Me inspiró ver una flor
cómo lucía en su tallo.
En el brillo de la luna
cuando busca que la amen.
Vi en la inspiración
un idioma que enamora.
Encontré en la nostalgia
un tema para hacer
versos con emoción.
Un canto de ruiseñor
me dio todos los entonos
para terminar en canto
lo que en versos escribía,
motivo de mi canción.*

Idania Figueroa Temiño

Secretos

*Si supieras mi pensar,
cuando miro a tus ojos
y no poderte expresar
lo que me guardo tan hondo.
Un día te pedí hablar,
de lo que yo ya sentía
y fue pura cobardía,
no podértelo expresar.
Cuando a mí en confidencias
me comentas tus pesares,
quisiera darte la llave
para que puedas abrir
donde guardo los secretos
que no me dejan dormir.*

El parque

*Hoy vengo al parque a escribir,
a tocar naturaleza,
adornar con mi presencia
este jardín natural.
Yo no puedo soportar
la frialdad de la gente,
caminar frente a frente
sin dirigirse un saludo.
Por eso vengo aquí,
donde hay aire puro, luz y gente,
que lucen tan diferente
porque llevan a su lado
niños o un perro suyo.
Aquí no existe el apuro,
ni horario de oficina.
Si por casualidad
se posa un gorrión cantarín
en el árbol donde escribo,
le pido mi melodía
que él con galantería
le dará su entonación.
Al final de su actuación,
le daré a él las gracias,
aunque cuando llegue a casa,
vea que mi blusa ensució.*

Idania Figueroa Temiño

¿Preguntabas por mí?

Me lo contaron ayer
que preguntabas por mí.
Para qué tantas preguntas,
¿no fue tu decisión
acabar con la ilusión
que yo puse en nuestra unión?
Ahora no te molestes
en tener que preguntar,
yo te lo voy a contar.
Te fuiste, te doy las gracias
por hacerme un gran favor,
rescaté mi corazón
de quien fue un egoísta.
Hoy me he vuelto a enamorar
no sé si es para siempre,
pero es alguien que merece
todo lo que mi amor le ofrece,
que yo a ti no te di
por ser tú tan mala gente.

No más engaños

No quiero verte;
tu presencia me hace daño.
Fueron muchos los engaños
que te tuve que aguantar.
Prefiero la soledad
que tenerte a mi lado.
Tú me has arruinado
buena parte de mi vida.
Ahora anda, vete, camina,
que no quiero más engaños.

Idania Figueroa Temiño

¿Puede pedir perdón?

*¿Puede pedir perdón
el que se roba un cariño
llevándoselo por un camino
que no sabe recorrer?
¿Puede pedir perdón
el que te clava en el alma
el puñal que te desangra
por su gran inmadurez?
¿Puede pedir perdón
el que te toma en sus manos
para sembrarte en vano
la ilusión en el corazón?
¡No! No puedo dar el perdón
aunque mis ojos me lloren
y mi corazón traicione,
nunca encontrarás una excusa
para que yo te perdone.*

Cien poemas

*Cien poemas te he escrito
para brindarte mis versos.
Me salieron del alma
para expresarte en palabras
lo que por ti yo siento.
Tal vez cuando te decidas
a leer mis poesías
comprendas que hubo un día
alguien a quien tú inspiraste
y te hizo todo verso.*

Idania Figueroa Temiño

El pacto

*Señor, ¿por qué rompiste el pacto
que nos hicimos los dos?
Hoy has traído ante mí
a quien más he querido,
por el que yo he sufrido
desde que era una cría.
Yo mantuve la promesa
de nunca ir a buscarlo
mas tú te has burlado
rompiendo nuestra promesa.
Ahora vuelvo a estar presa
de quien siempre he amado.*

Acerca del Autor

Idania Figueroa Temiño nació en San Nicolás de Bari, Cuba y emigró a los Estados Unidos a la edad de trece años con sus padres y hermana. Su vida se ha desarrollado en Miami, donde reside. Madre de tres hijas. Trabaja para el sistema de Escuelas Publicas del condado Miami-Dade. La poesía es su medio de expresión.

Made in the USA
Lexington, KY
23 December 2017